# BEI GRIN MACHT SICH IHR WISSEN BEZAHLT

- Wir veröffentlichen Ihre Hausarbeit,
  Bachelor- und Masterarbeit

- Ihr eigenes eBook und Buch -
  weltweit in allen wichtigen Shops

- Verdienen Sie an jedem Verkauf

## Jetzt bei www.GRIN.com hochladen und kostenlos publizieren

**Daniel Santosi**

# Karl Poppers Kritik an Platons Staatsphilosophie in „Der Staat"

GRIN Verlag

**Bibliografische Information der Deutschen Nationalbibliothek:**

Die Deutsche Bibliothek verzeichnet diese Publikation in der Deutschen National-
bibliografie; detaillierte bibliografische Daten sind im Internet über http://dnb.d-
nb.de/ abrufbar.

Dieses Werk sowie alle darin enthaltenen einzelnen Beiträge und Abbildungen
sind urheberrechtlich geschützt. Jede Verwertung, die nicht ausdrücklich vom
Urheberrechtsschutz zugelassen ist, bedarf der vorherigen Zustimmung des Verla-
ges. Das gilt insbesondere für Vervielfältigungen, Bearbeitungen, Übersetzungen,
Mikroverfilmungen, Auswertungen durch Datenbanken und für die Einspeicherung
und Verarbeitung in elektronische Systeme. Alle Rechte, auch die des auszugsweisen
Nachdrucks, der fotomechanischen Wiedergabe (einschließlich Mikrokopie) sowie
der Auswertung durch Datenbanken oder ähnliche Einrichtungen, vorbehalten.

**Impressum:**

Copyright © 2012 GRIN Verlag GmbH
Druck und Bindung: Books on Demand GmbH, Norderstedt Germany
ISBN: 978-3-656-37907-2

**GRIN - Your knowledge has value**

Der GRIN Verlag publiziert seit 1998 wissenschaftliche Arbeiten von Studenten, Hochschullehrern und anderen Akademikern als eBook und gedrucktes Buch. Die Verlagswebsite www.grin.com ist die ideale Plattform zur Veröffentlichung von Hausarbeiten, Abschlussarbeiten, wissenschaftlichen Aufsätzen, Dissertationen und Fachbüchern.

**Besuchen Sie uns im Internet:**

http://www.grin.com/

http://www.facebook.com/grincom

http://www.twitter.com/grin_com

Politische Philosophie im 20. Jahrhundert: Liberalismus und Kommunitarismus
SS 2012
6.8.2012
Daniel Santosi

# Poppers Platonkritik am Beispiel des Gerechtigkeitsbegriffs

# Inhalt:

## (1) Einleitung

Wenn man in der Philosophie den Namen Platon erwähnt, würde man wohl zunächst die Ideenlehre, das Höhlengleichnis und die erkenntnistheoretischen Lehren diskutieren. Aber würde man Platon als ‚Urvater' totalitärer Systeme und als Begründer entsprechender Staatssysteme bezeichnen? Aber genau mit dieser Frage beschäftigt sich Karl Popper. „Die offene Gesellschaft und ihre Feinde" besteht aus zwei Bänden. Der erste Band trägt den Titel „Der Zauber Platons"[1], der zweite Band trägt den Titel „Falsche Propheten: Hegel, Marx und die Folgen". Im ersten Band geht Karl Popper hauptsächlich auf die Staatsphilosophie Platons ein und konstruiert mit der ‚offenen Gesellschaft' einen kritischen Gegenentwurf. Popper ist ein Vertreter des Liberalismus und so ist auch seine ‚offene Gesellschaft' durch den Freiheitsgedanken geprägt und als Gegenbeispiel zu totalitären Systemen zu verstehen. Popper wirft im ersten Band seiner „offenen Gesellschaft" Platon eine Staatsphilosophie vor, die er als totalitär kennzeichnet.

Das Ziel der Hausarbeit ist es, einen Einblick in Poppers Platonkritik zu verschaffen und diese Kritik hinsichtlich ihrer Berechtigung zu diskutieren. Im Fokus

steht bei dieser Diskussion der Begriff der Gerechtigkeit, der nach Popper entscheidend für die Charakterisierung Platons politischen Programms ist. Ich werde auch kurz auf die offene Gesellschaft und auf den Begriff des Historizismus' eingehen, um Poppers Idee genauer darstellen zu können.

### (2.) Poppers Platonkritik am Beispiel des Gerechtigkeitsbegriffs

### (2.1) Popper über Platons politisches Programm

Zur Einleitung ist eine kurze Auseinandersetzung mit dem Begriff des Historizismus' nach Popper notwendig. Zwar behandelt Popper den Historizismus ausführlich in seinem Werk „Das Elend des Historizismus", jedoch ist dieser Begriff prägend für Poppers politische Philosophie und auch, so Popper, ein grundlegendes Kriterium der negativen Auslegung Platons politischen Programms.

---

[1] Karl Popper: Die offene Gesellschaft und ihre Feinde. Band I Der Zauber Platons. 8. Auflage durchgesehen und ergänzt. Tübingen: Mohr Siebeck 2003. Im Folgenden zitiert als Popper.

Bei Popper bedeutet Historizismus das Bestimmen von Entwicklungsgesetzen der Zeit. Das bedeutet, ein historizistischer Geschichtsschreiber würde „versuchen, die Gesetze der historischen Entwicklung zu verstehen. Und wenn ihm das gelingt, so wird er auch zukünftige Entwicklungen voraussagen können."[2] Karl Popper lehnt diese Position ab. Der künftige Gesellschaftsverlauf ist nach Popper geprägt von künftigem Wissen und nicht von vergangenem. Deshalb sind nur Mutmaßungen über die Gesellschaftsentwicklung möglich.

Ich skizziere nun kurz Platons Idealstaat, um die Basis Poppers Kritik genauer darstellen zu können. Der Idealstaat besteht aus drei Klassen: Bauern und Handwerker stellen die dritte Klasse dar und sollen die Grundversorgung sichern. Die zweite Klasse besteht aus dem Wehrstand und Kaufläuten. Die erste Klasse steht schließlich über den anderen Ständen und besteht aus Gebildeten, beziehungsweise Philosophen. Das prägende Ideal bei Platon ist das Regiment des ‚Philosophenherrschers'. Der Philosophenherrscher verbindet Politik und Philosophie und steht an der Spitze des Staates. Die erste Klasse ist also verantwortlich für die Herrschaft.

Nach Popper lässt sich Platons politisches Programm durch zwei grundlegende Merkmale kennzeichnen, die sich im gesamten Programm wiederfinden lassen. Zum einen fordere Platon politischen Stillstand, zum anderen fordere er eine Rückkehr zu einer natürlichen Staatsform.[3] Politischer Stillstand in diesem Sinne bedeutet, dass es keine Veränderungen im Staatswesen geben darf. Der Idealstaat ist also eine konstante, unbewegliche Instanz. Und diese Unveränderlichkeit sei nur durch eine natürliche Staatsform zu erreichen. Nach Popper fordert Platon eine Rückkehr zu einem primitiven Staat.[4] Diese beiden Grundgedanken sind nach Popper die wesentlichen Merkmale Platons Staatsphilosophie, die die Basis für die bedeutsamsten politischen Forderungen und Thesen bilden.

Popper kritisiert bei Platons Staatsphilosophie fünf Grundelemente, die zu einer Klassenherrschaft führen.[5] Das erste Element bezieht sich auf die Klassenverteilung im Idealstaat. Die verschiedenen Gesellschaftsklassen sind streng voneinander getrennt. Ein weiteres negatives Merkmal ist das Gleichsetzen des

---

[2] Popper, S.12.
[3] Vgl. Popper, S. 104.
[4] Vgl. Popper, ebd.
[5] Vgl. Popper, S.104 f.

Staatswillens mit dem Willen der Herrschenden. Das bedeutet, der Wille des Staates setzt sich nicht aus dem Willen der einzelnen Klassen und damit aus dem Willen aller Individuen zusammen, sondern lediglich aus dem Willen der oberen Klasse. Das dritte Element ist eine konkrete Verteilung der Monopole unter den Klassen. Die herrschende Klasse ist allein für „kriegerische Tugenden"[6] zuständig. Dazu gehören das Monopol der militärischen Ausbildung und das Monopol, Waffen zu tragen. Allerdings darf diese Klasse keine wirtschaftlichen Arbeiten, wie das Geldverdienen, ausüben. Das vierte Element steht in einer engen Verbindung zu Poppers Vorwurf des Stillstandes. Der Stillstand erstreckt sich nicht nur auf politischer, sondern auch auf gesellschaftlicher Ebene. Das bedeutet konkret, dass Veränderungen in „Erziehung, Gesetzgebung und Religion"[7] verhindert oder sogar unterdrückt werden sollen. Das fünfte Element stellt eine wirtschaftliche Unabhängigkeit dar. „Der Staat muss sich selbst versorgen können."[8] Diese fünf Merkmale sind nach Popper die wesentlichen Kennzeichen für eine totalitäre Staatsordnung und die Richtlinien, nach denen Platons Programm aufgebaut ist.

Die Klassenordnung darf jedoch nicht falsch ausgelegt, beziehungsweise falsch kritisiert werden. „…aber sein Ideal war nicht die größtmögliche Ausbeutung der arbeitenden Klassen durch die Oberklasse, sondern die Stabilität des Ganzen."[9] Popper wirft Platon keine Ausbeutung im Sinne einer Kapitalismuskritik vor, sondern die Konstruktion einer totalitären Staatsphilosophie. Stabilität und damit die Unveränderlichkeit der bestehenden politischen Situation sind nach Popper die Wurzeln für einen totalitären Staat. Der Kerngedanke, der Poppers Platonkritik auszeichnet, ist der, dass Platons politisches Programm mit dem Programm totalitärer Systeme nahezu identisch ist.[10] Es gibt keine Möglichkeit, und es darf auch keine Möglichkeit geben, das System zu verändern.


## (2.2) Die offene Gesellschaft

Ich skizziere hier nur kurz die Grundzüge der offenen Gesellschaft. Sie stellt das Gegenmodell zu Platons Idealstaat dar und ist der Ausgangspunkt für Poppers Platonkritik. Auf die offene Gesellschaft werde ich wieder in Kapitel

---

[6] Popper, S.104.
[7] Popper, S.105.
[8] Popper, S.105.
[9] Popper, S.130.
[10] Vgl. Popper, S.106.

2.4 eingehen, um ein abschließendes Fazit aus der Kritik zu ziehen. Nach Karl Popper zeichnet sich die offene Gesellschaft dadurch aus, dass sie die Möglichkeit der Kritik bereithält. Die offene Gesellschaft ist nicht am Stillstand interessiert und gewährleistet Handlungs- und Meinungsfreiheit.

> Verteidigt wird der status quo, und das vorgeschlagene Prinzip läuft auf folgendes hinaus: Der status quo soll nicht gewaltsam, sondern nur auf gesetzmäßigem Weg, durch einen Kompromiss oder eine Entscheidung, abgeändert werden; ausgenommen sind Fälle, in denen es kein gesetzliches Verfahren zu seiner Veränderung gibt.[11]

Das grundlegende Prinzip der offenen Gesellschaft ist also die Wahrung des Status quo nach außen hin, also zu anderen Staaten. Nach innen hin sollen politische Veränderungen möglich sein. Die Freiheit des Individuums soll gewährleistet sein und darf nur dann eingeschränkt werden, wenn der Staat die Verteidigung des Individuums „gegen Angriffe unterstützt"[12], und auf einer kleineren Ebene, wenn dadurch die Freiheit anderer gefährdet wird.[13] Popper verwendet hier den Begriff ‚Protektionsmus' zur Kennzeichnung seiner Staatskonzeption. Der Staat greift zwar in das Leben der Bürger ein, jedoch in einer Weise, die mit dem Liberalismus vereinbar ist. Er schützt den Bürger in den Bereichen, wo es notwendig ist. Popper nennt als Beispiel die Erziehung. Ohne Eingriff des Staates in eine klare Regelung der Erziehung würde es zur Verwahrlosung oder zumindest nicht zu einer bestmöglichen Ausbildung kommen.[14]

## (2.3) Der Gerechtigkeitsbegriff

Eingehend stellte ich kurz ein Zitat vor, dass Poppers Kritik an Platons Gerechtigkeitsbegriff sehr anschaulich kennzeichnet:

> Wir sehen hier, dass Platon nur einen Maßstab wirklich anerkennt: Das Interesse des Staates. Alles, was dieses Interesse fördert, ist gut, tugendhaft und gerecht; alles, was es bedroht, ist schlecht, verwerflich und ungerecht. Handlungen, die dem Staatsinteresse dienen, sind sittlich gut; Handlungen, die die es gefährden, sind

---

[11] Popper, S.132.
[12] Popper, ebd.
[13] Vgl. Popper, S.133.
[14] Vgl. Popper, ebd.

- 6 -

unmoralisch.[15]

Popper wirft Platon vor, die Bedeutung und vor allem die Rechte des Individuums zugunsten des Staates einzuschränken und zwar auf der Ebene einer moralischen Bewertung, beziehungsweise einer Einschüchterung des Individuums. Die grundlegenden Kritikpunkte Poppers beziehen sich also auf den Begriff des Individualismus im Kontrast zum Begriff des Kollektivismus, während dieser Gegensatz sich in einem Widerstreit zu normativen Fragen befindet. Auf dieses Problem gehe ich weiter in Kapitel 2.4 ein. Zunächst verschafft Popper einen kurzen Überblick darüber, welche Bedingungen er für Gerechtigkeit, beziehungsweise einen gerechten Staat auffasst. Die erste Bedingung ist eine „gleiche Verteilung der Lasten der Staatsbürgerschaft…"[16] Mit ‚Lasten der Staatsbürgerschaft' sind Einschränkungen gemeint, die das gesellschaftliche Miteinander regeln. Es soll zum Beispiel für alle gleich das gesetzliche Verbot von Diebstahl gelten. Die zweite Bedingung beinhaltet eine Gleichbehandlung vor dem Gesetzt, wobei diese Bedingung die drei folgenden Bedingungen voraussetzt, nämlich, dass die Gesetze für alle Bürger gleich konstituiert sind, dass die Gerichte des Staates unparteilich sind und dass die Vorteile eines Staates, wie zum Beispiel Sozialhilfe, auch für alle gleich gelten und gleich in Anspruch genommen werden können. Diesem Verständnis von Gerechtigkeit setzt Popper Platons Verständnis von Gerechtigkeit gegenüber. Platon definiere Gerechtigkeit über Staatsinteresse. Das bedeutet, Gerechtigkeit ist das, was das Beste für den Staat ist. Die Problematik liegt nach Popper nun darin, was Platon als das ‚Beste' für den Staat betrachtet. Popper bezieht sich dabei auf seine Kritik an den Grundzügen Platons politischen Programms. Das Beste für den Staat sei also der politische Stillstand; ein Zustand ohne politische Veränderung und auch ohne die Möglichkeit einer politischen Veränderung. Popper folgert daraus, dass diese Forderung die Basis für eine totalitäre Staatsordnung ist.[17] Aus diesem politischen Stillstand folgt jedoch ein sozialer Stillstand.

---

[15] Popper, S.128.
[16] Popper, S.107.
[17] Vgl. Popper, S.108.

## (2.4) Die humanitäre Theorie der Gerechtigkeit

In Abgrenzung zu Platons politischem Programm entwirft Popper eine „humanitäre Theorie der Gerechtigkeit"[18] die ein Gegenentwurf zum totalitären Gerechtigkeitsbegriff nach Platon darstellen soll. Die erste Regel dieser Theorie ist das Prinzip der Gleichberechtigung, die in einem Gegensatz zu Platons Prinzip der naturbedingten Vorrechte steht. Gleichberechtigung bedeutet hier, dass jeder dieselben rechtlichen Grundlangen und Grundvorrausetzungen besitzt. Niemand hat aufgrund ‚natürlicher Gesetzte' unbestreitbare Privilegien in sozialer und politischer Hinsicht. Nach Popper darf allerdings in einem gerechten Staat nicht die familiäre Herkunft, also die Geburt in eine der drei Klassen über die Rechte und Privilegien im Staat entscheiden. Es darf keine „natürlichen Rechte"[19] geben, da sie ein Merkmal gesellschaftlichen und damit auch politischen Stillstandes sind. Die zweite Regel bezeichnet Popper als „das allgemeine Prinzip des Individualismus"[20], das dem „Prinzip des [...] Kollektivismus"[21] gegenübersteht. Popper bewertet Platon als Feind des Individualismus', der durch den ‚Idealstaat' eine Unterwerfung des Individuums unter das Kollektiv anstrebt. Zwischen Individualismus und Kollektivismus besteht ein verwachsener Widerstreit, denn Platon, so Popper, setzt Individualismus mit Egoismus und Kollektivismus mit Altruismus gleich.[22] Dadurch falle eine wesentliche Ebene in der Charakterisierung normativer Fragen weg. Während Kollektivismus die Aufopferungsbereitschaft für ein Kollektiv, also eine Gemeinschaft bedeutet, bedeutet Altruismus Uneigennützigkeit. Individualismus hingegen kann mit Selbstverwirklichung in Verbindung gebracht werden, während Egoismus ein absolutes Desinteresse für andere Individuen in ethischen und moralischen Fragen bedeutet. Diese Vermischung bei Platon hat zur Folge, dass der nach Popper negativ zu bewertende Begriff Kollektivismus die positiven Eigenschaften des Altruismus für sich beansprucht. Kollektivismus führt zur Beschneidung der individuellen Freiheit und somit zum Totalitarismus. Durch

---

[18] Popper, S.114.
[19] Popper, S.115.
[20] Popper, S.114.
[21] Popper, ebd.
[22] Vgl. Popper, S.120 ff.

die Verbindung mit dem Altruismus verpflichtet sich also das Individuum, das altruistisch und somit moralisch wertvoll handeln will zum Kollektivismus. Auf der anderen Seite Ist das Individuum, das sich selbst gewissermaßen verwirklichen will und damit nach Popper keine negativ zu bewertenden Absichten verfolgt, per Definition egoistisch ist, wenn es individualistisch handelt. Popper wendet ein, dass tatsächlich jedoch auch ein Individualismus in Verbindung mit einem Altruismus möglich ist und somit Platons Definition heimtückisch zu einer positiven Bewertung des Kollektivismus führt.[23] Die dritte Regel besagt, dass der Staat die Verpflichtung hat, den Bürger zu schützen und seine Freiheit und seine Rechte zu gewährleisten. Platons Gegenprinzip ist dagegen nach Popper die Verpflichtung des Individuums, dem Staat durch seine Dienste Stabilität zu gewährleisten. Während bei Popper der Staat gewissermaßen eine Verpflichtung von ‚oben nach unten' zu den Bürgern hat, so liegt bei Platon die Verpflichtung bei den Bürgern von ‚unten nach oben'. Popper zieht daraus die Schlussfolgerung, dass eine „humanitäre Ethik eine Interpretation der Gerechtigkeit erfordert, die auf dem Gleichheitsprinzip aufbaut und die individualistisch ist..."[24] Hier knüpfe ich an das eingehende Zitat aus Kapitel 2.3 an. Gerecht ist nach Platon also, was dem Wohle des Staats dienlich ist und diese Formel ist auf einer rein kollektivistischen Ebene zu verstehen, so Popper. Platon verwende den Begriff der Sittlichkeit, um das Individuum an den Kollektivismus zu binden und „Sittlichkeit ist nichts als politische Hygiene."[25] Genau in dieser Einstellung sieht Popper schließlich die gefährliche Basis für totalitäre Argumentationen, denn wenn Krieg und Eroberung dem Wohle des Staats dienlich ist, so sind sie auch gerecht.

Abschließend zieht Popper als Fazit bezüglich der humanitären Theorie der Gerechtigkeit ein charakterisierendes Urteil über Platons Staatsphilosophie. „Die totalitäre Staatsauffassung ist nicht einfach amoralisch. Sie ist die Moral der geschlossenen Gesellschaftsordnung – der Gruppe, des Stammes, der Horde; sie ist nicht individuelle, sondern Kollektive Selbstsucht."[26] Hier besteht der Bezug zu Poppers offener Gesellschaft. Platons Idealstaat stellt eine geschlossene Gesellschaft dar und ist nach Popper der humanitären und liberalen offenen Gesellschaft unterlegen.

---

[23] Vgl. Popper, S.121.
[24] Popper, S.127.
[25] Popper, S.129.
[26] Popper, S.130.

## (3) Bewertung der Kritik

Ist Poppers Kritik wirklich berechtigt? Bei genauerer Untersuchung der „Politeia"[27] lassen einige Passagen zumindest hinsichtlich der Stillstandkritik und der Klassenkritik eine Zustimmung zu. So heißt es bei Platon: „Wir nahmen aber doch an und wiederholten es, wenn du dich erinnerst, immer wieder, dass jeder Einzelne nur eines der auf die Stadt bezüglichen Geschäfte treiben dürfe, nämlich das, wozu er von Natur besonders beanlagt sei."[28] Platon verfolgt die Einhaltung einer natürlichen Ordnung und zu dieser Ordnung gehört eine Wahrung der Ständeordnung. Wer zum Beispiel ‚naturgemäß' dazu veranlagt ist, Handwerker zu sein, soll nach Platon auch nichts weiter ausführen, als die Handwerkstätigkeit. Deshalb ist ein sozialer Auf- aber auch ein sozialer Abstieg ausgeschlossen für den Idealstaat. Sowohl der Handwerker kann und darf nicht Krieger oder Philosoph werden, Philosoph auf der andern Seite darf allerdings auch nicht Krieger oder Handwerker werden. „Die Vielgeschäftigkeit also der drei verschiedenen Stände und ihr gegenseitiges Übergreifen ineinander dürfte als größter Schaden für die Stadt und mit vollem Recht als Hauptfrevel bezeichnet werden. [...] Dies wäre also die Ungerechtigkeit."[29] Hier zeigt sich die Verknüpfung des Gerechtigkeitsbegriffs mit der Klassenordnung. Gerechtigkeit ist gewissermaßen gesellschaftlicher Stillstand und gesellschaftlicher und politischer Stillstand ist das Prinzip des Idealstaates. So schlussfolgert Platon, dass Ungerechtigkeit ein Begriff ist, der nicht auf das Individuum bezogen, sondern nur auf das Kollektiv bezogen werden kann. Ungerechtigkeit ist das, was dem Staat schadet. Sung-Chul Rhim führt einige kritische Äußerungen Aristoteles' an, die Poppers Darlegung unterstützen. Nach Rhim hat bereits Aristoteles eine „Verarmung des politischen Lebens"[30] der Polis kritisiert, da Platons politisches Programm „Vereinheitlichung" und nicht „Vielfalt" fördere. An diese Kritik knüpft Poppers Vorwurf des Stillstandes im Idealstaat an.

---

[27] Platon: Der Staat. Aus dem Griechischen von Otto Apelt. Köln: Anaconda Verlag. 2010. Im Folgenden zitiert als Platon.
[28] Platon, S.175 / 433 St.
[29] Platon, S.177 / 434 St.
[30] Sung-Chul Rhim: Die Struktur des idealen Staates in Platons ‚Politeia'. Die Grundlagen des platonischen Staates angesichts antiker und moderner Kritik. Würzburg: Königshausen und Neumann 2005. S.11. Im Folgenden zitiert als Rhim.

In diesem Punkt ist Poppers Kritik berechtigt; der platonische Idealstaat strebt Stillstand an, was jedoch ein ‚Symptom' des Kollektivismus' ist. Aristoteles führt, weiterhin an, so Rhim, dass bei diesem bleibenden Stillstand die Gefahr revolutionärer Bewegungen besteht. Auch hierin liegt ein Argument für die offene Gesellschaft, da sie den Stillstand vermeidet.

Der Vorwurf der Totalität muss jedoch wesentlich kritischer betrachtet werden. Totalität steht immer in einer engen Verbindung mit Gewalt und so wirft auch Popper Platon eine Art soziale Gewaltausübung vor. Doch gegen diesen Vorwurf findet sich bei Rhim ein überzeugendes Gegenargument.

> Zur Realisierung der Grundidee gehören zwei Bedingungen, […] das eine ist die Vereinigung von philosophischer Erkenntnis und politischer Macht; das andere ist die Zustimmung aller anderen zur Herrschaft der Philosophen. Denn die Verwirklichung soll nicht gewaltsam eingerichtet werden, sondern auf der Überzeugung der Bürger beruhen…[31]

Platon will den Idealstaat nicht aufzwingen, sondern auf freiheitlichem Weg einführen. So kann zumindest der Vorwurf der Totalität abgeschwächt und im Bezug auf die Einführung des Idealstaates sogar vollständig widerlegt werden.

Platons Idealstaat sollte in seinem historischen Kontext betrachtet werden. Platons „Politeia" wurde vor ungefähr zweitausendvierhundert Jahren verfasst. Der Idealstaat nach Platon befindet sich also noch in den Anfängen moderner Zivilisationen und modernen Staatstheorien. Popper führt jedoch eine eher Zeitbezogene Kritik durch, die in diesem Ausmaß nicht angemessen ist. In diesem Zusammenhang sagt Christian Schwaabe, dass sich bereits „das platonische Idealbild der besten Stadt von den Ideologien des Totalitarismus [unterscheidet] ebenso sehr wie die antike polis vom modernen Staat. Die Philosophenherrschaft soll eine Herrschaft der Besten zum Wohle aller sein und eben gerade keine Tyranis."[32] Platon entwirft den Idealstaat gerade als Gegenentwurf zur Tyrannei und somit auch nach moderner Definition zum Totalitarismus. Weiterhin besteht die Diskussion, inwiefern Platon eine Verwirklichung des Idealstaats für möglich hielt. Sung-Chul Rhim argumentiert, dass Platon eine Verwirklichung nur mit

---

[31] Rhim, S.47f.
[32] Christian Schwaabe: Politische Theorie 1. Von Platon bis Locke. 2., durchgesehene Auflage. Paderborn: Wilhelm Fink UTB 2010. S.47.

Abwandlungen und Umformungen in Betracht zog. Außerdem repräsentiere sie die Ordnung der Ideenwelt nach Platon.[33] Popper nimmt das politische Programm Platons also zu ernst und zu dogmatisch auf. Poppers Interpretation ist, so Rhim „fast überall forciert, manipuliert, von Schlagwörtern wie Aberglaube, Gewalt, Totalität beherrscht."[34] Dieser Vorwurf bestätigt sich in Poppers Kritik, dass Platon gewissermaßen das Absolute in Form des Kollektivismus fordert. Poppers Interpretation scheint eine absolute Unterwerfung des Individuums vorauszusetzen. Dagegen wendet Rhim ein: „Er fordert als Politiker nicht alles oder nichts. Er berücksichtigt, dass für uns Menschen immer nur eine Annäherung an das Vollkommene möglich ist."[35] Auch hier zeigt sich, dass Popper zu starr über Platon urteilt. Der Idealstaat ist kein Dogma, sondern ein erstrebenswertes Prinzip, an das sich angenähert werden soll.

## (4) Fazit

Bei der Bewertung Poppers Platonkritik muss stets bedacht werden, dass alles, was Popper über Platon sagt, bloß seine eigene Interpretation ist. Es ist also eine kritische Betrachtung der Vorwürfe an Platon erforderlich. Der Vorwurf des Stillstandes kann sicherlich akzeptiert werden. In Platons Idealstaat herrscht gesellschaftlicher und politischer Stillstand, allerdings nicht weil Platon das Prinzip des Stillstandes an sich befürwortet, sondern weil Platons Idealstaat ‚ideal' ist und somit, zumindest nach Platon, keine Notwendigkeit der Veränderung mehr besteht. Der Totalitarismusvorwurf kann ebenfalls entschärft werden. Wie Rhim und Schwaabe anführen, liegt eine wesentliche Problematik bei Popper bereits in dem enormen Zeitunterschied zwischen Platon und den modernen totalitären Regimes des 20. Jahrhunderts. Ein direkter Vergleich und die Auslegung Platons sogar als Wurzel modernen Totalitarismus scheitern an einer Fehlinterpretation.

---

[33] Vgl. Rhim, S.47.
[34] Rhim, S.15.
[35] Rhim, S.47.

# Literaturverzeichnis:

Platon: Der Staat. Aus dem Griechischen von Otto Apelt. Köln: Anaconda Verlag. 2010.

Popper, Karl: Die offene Gesellschaft und ihre Feinde. Band I Der Zauber Platons. 8. Auflage durchgesehen und ergänzt. Tübingen: Mohr Siebeck 2003.

Rhim, Sung-Chul: Die Struktur des idealen Staates in Platons ‚Politeia'. Die Grundlagen des platonischen Staates angesichts antiker und moderner Kritik. Würzburg: Königshausen und Neumann 2005.

Schwaabe, Christian: Politische Theorie 1. Von Platon bis Locke. 2., durchgesehene Auflage. Paderborn: Wilhelm Fink UTB 2010.